AF572009

ROBIN MINARD

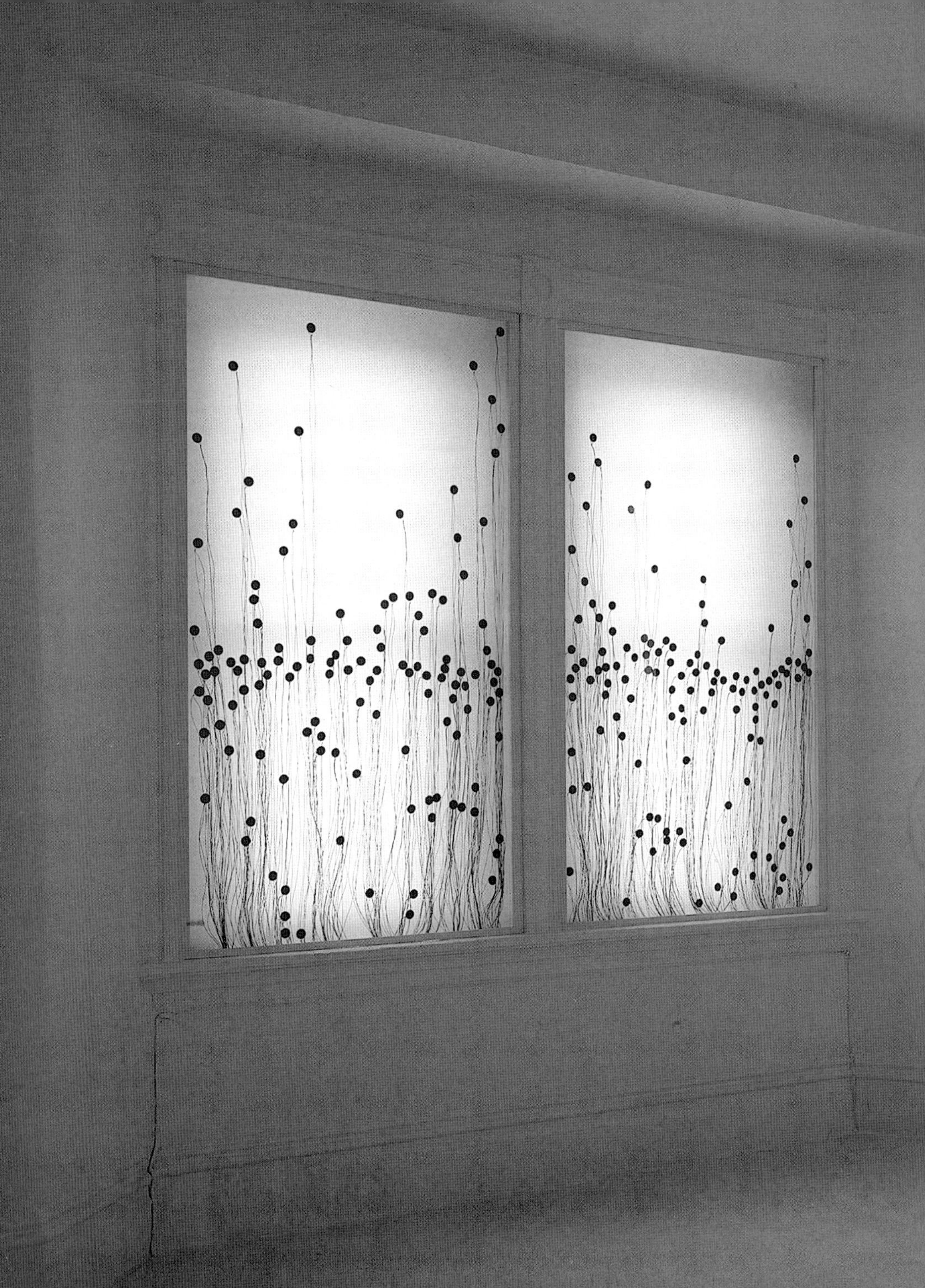

ROBIN MINARD

4

Vier Räume / Vier Installationen
Four Spaces / Four Installations
Quatre Espaces / Quatre Installations
Quatro Espacios / Quatro Instalaciones

KEHRER

VIER RÄUME / VIER INSTALLATIONEN

Jean-Michel Lejeune

Dieses Buch ist ein besonderer Raum. Wenn es zuallererst als dokumentiertes Zeugnis einiger ausgewählter Werke dienen soll – und so die Funktion eines Kataloges erfüllt, der, ohne freilich alle Merkmale eines Kataloges zu besitzen, es dem Leser ermöglichen wird, diese Werke wiederzufinden oder von ihnen Kenntnis zu nehmen –, so ist dieses Buch nichtsdestoweniger, in seinen Zielen und seiner Ausführung, eine authentische Geste des Künstlers Robin Minard. Dieses Buch bleibt ein Buch – es ist kein Kunstwerk –, aber es stellt eine der Facetten der Arbeit dieses Künstlers dar. Es beruht auf seiner Vorgehensweise.

Vier kürzlich realisierte Klanginstallationen werden hier vorgestellt: *Silence (Blue)*, zu finden auf den Seiten 15 und folgende, besteht aus übergroßen, durchscheinenden Pergaminpapierbögen, welchen, angeordnet vor jedem Fenster des in Besitz genommenen Raumes, unzählige winzige und einfache Lautsprecher von äußerst geringer Leistung anhaften, Piezos genannt. Vor jedem Fenster angebrachte blaue Klebefolie filtert das natürliche Licht in Abhängigkeit von Wettereinfluss und Tageszeit und tönt den Raum. Die unzähligen Piezos, deren Einsatz und Klangvolumen von einem Computerprogramm verwaltet werden, geben über vier Kanäle eine Vielfalt von aufgezeichneten natürlichen und synthetischen, äußerst leisen Klängen aus, die an das sanfte Rauschen des Windes erinnern. Das Pergaminpapier, als Resonator fungierend und in Schwingung versetzt, produziert einen leisen und veränderlichen Ton. Zwischen den unterschiedlichen Papierbögen entstehen Kontraste, subtile Verschiebungseffekte der einzelnen Klangschichten. Überdies bewirkt das Sich-Annähern an oder Sich-Entfernen von den elektronischen Klangquellen beim Hörer eine unterschiedliche Wahrnehmung der Klangfarbe und des akustischen Effektes dieser Klanginstallationen. *Silence (Blue)* ist an mehreren Orten und deshalb auch in verschiedenen

Ausführungen präsentiert worden. Hier handelt es sich um ein in einer leer stehenden Fabrik gelegenes Atelier in der ehemaligen DDR.

Silent Music (Seite 21 und folgende) ist eine im Freien gestaltete Installation auf Teneriffa, auf dem riesigen Privatgelände »Mariposa«, einem seit mehreren Jahren von Helga und Hans-Jürgen Müller entwickelten Kulturkomplex. Ort der Begegnung und des Nachdenkens (deshalb vielleicht auch das Schachspiel), vereinigt er Natur und zeitgenössische Kunst in eindrucksvoller Weise. Dieses Kunstwerk besteht aus drei Säulen, an denen Lautsprecher mit ihren elektrischen Kabeln so befestigt worden sind, dass sie die Bewegung von Kletterpflanzen und ihr Wachstum zum Licht hin suggerieren. Die künstlichen Töne, hell und ruhig, vereinigen sich mit dem natürlichen klanglichen Umfeld der Landschaft, das sie sehr diskret, fast unmerklich, wie ein lebender Organismus durchdringen. Die natürlichen Klänge des Ortes und die gesendeten Töne vermischen sich. Ihre Verschiedenheit, ihre Identitäten werden ins Spiel gebracht.

SoundBits 01 (Seite 25 und folgende) ist eine Klanginstallation, die in einem um die Jahrhundertwende erbauten, mittlerweile ungenutzten Berliner Stadtbad verwirklicht worden ist. Eine Matrix von 576 Lautsprechern entlang der höchsten Wandung des Beckens lässt in einem akustisch stark widerhallenden Raum graphische Formen und Schriften entstehen. Ähnlich den Pixeln eines Bildes werden Bewegung und Form auf der Lautsprechermatrix abgebildet. Die Installation bedient sich hierbei eines eigens für dieses Projekt entwickelten 1-Bit-Syntheseverfahrens, das es dem Hörer / Betrachter ermöglicht, deutliche starre oder bewegte Klangfiguren wie Kreise, Klangwellen oder Klangwolken wahrzunehmen.

Son ↔ Silence (Seite 29 und folgende). Diese Klanginstallation befindet sich als Dauerinstallation in einer Stadtteilbibliothek in Lille. Hunderte von Piezos sind zwischen drei durchscheinenden, von Rahmen gehaltenen Plexiglasscheiben angebracht, die eine Trennung zwischen der Ausleihe und einer der Lesezonen erzeugen und damit zur Steuerung des Publikumsverkehrs beitragen. Diese Installation ist vergleichbar mit *Silent Music*. Die zu hörenden sehr leisen Klänge sind gleichsam wie ein Flüstern, das sich mit der – inneren und äußeren – Geräuschkulisse dieses Ortes vermischt, der seiner Bestimmung nach ein Ort der Stille ist.

Robin Minards Werke, ob dazu bestimmt oder nicht, definitiv an Ort und Stelle zu verbleiben, prägen sich, wie immer bei diesem Künstler, sehr stark in die sie aufnehmende Umgebung ein, und das auf so intensive, wahrhaft intime Weise, dass dies das Wesen des Werkes ausmacht. Die Umgebung in ihrer physischen, natürlichen oder architektonischen, klanglichen und akustischen Wirklichkeit einerseits und der Eingriff des Künstlers durch kleine Lautsprecher, Tonausrüstungen, Projektoren und verschiedene Materialien, das Plexiglas zum Beispiel, andererseits – stellen zwei unterschiedliche Welten dar, die sich nicht nur vereinigen, sondern sich gegenseitig Bedeutung verleihen.

Die Arbeit an jedem neuen Werk, das zugleich aus dem Sachverstand und der Empfindung schöpft, beginnt für Robin Minard mit aufmerksamem Beobachten und Erlauschen des Ortes. Ganz »Entomologe« des Klanges, interessiert er sich oft für jene Orte, denen wenig klangstarke Töne innewohnen. Ursprünglich und wesentlich, ist es dieser erste Schritt der Aneignung des Ortes, der die Überlegungen des Künstlers stützt und ausmacht und ihm so vom Ort und den Zusammenhängen eine unverfälschte Sinneserfahrung verschafft, eine Erkenntnis im philosophischen Sinne des Wortes. Den Ort in Besitz nehmen, sichten, was er an Ausdrucksformen jenseits der ersten Eindrücke bietet, und verstehen, wie er funktioniert. Der Eingriff des Künstlers beschreibt, offenbart, verziert und vergeistigt den Ort, zu dessen Teil er fortan wird. Umgekehrt, und im übrigen keineswegs spiegelbildlich, empfängt, offenbart, artikuliert und vergeistigt der so gestaltete Ort – die Fabrik, der Park, das Schwimmbad oder die Bibliothek und ihre verschiedenen klanglichen und akustischen Konvergenzen – den Beitrag des Künstlers. Diese alchimistische Verbindung, die über eine einfache Verflechtung zwischen diesen beiden Protagonisten – dem Künstler und seiner Arbeit auf der einen Seite, dem physikalischen Ort und seiner Klangwirklichkeit auf der anderen Seite – hinausgeht, macht zugleich den Ort und die Bestimmung des Werkes aus. Es geht deshalb bei Robin Minard keineswegs darum, ein Werk an einem bestimmten Ort zu installieren, so wie man ein Werk in einer Galerie ausstellt – ein Gemälde, eine Skulptur haben grundsätzlich eine autonome und vom Ausstellungsort unabhängige Existenz –, sondern vielmehr darum, einen Ort durch einen plastischen und klanglichen Beitrag aufzuwerten. Diese zwei Parameter bestimmen das Werk.

Die Subtilität und die Relevanz der Installationen Robin Minards hängen auch mit der Verbindung zusammen, die sie, eine jede auf ihre Weise, mit der Stille eingehen, welcher als stets präsentem Grundbestandteil die gleiche Bedeutung zukommt wie der weißen Farbe des Papiers in der Aquarellkunst. Robin Minard erzählt von der Stille. Die Namen, die er seinen Werken gibt, legen davon Zeugnis ab. Jedesmal geht es um eine ganz besondere Stille: die Ruhe auf dem Land, das erwünschte Schweigen in der Bibliothek, die Leere nach einer aufgegebenen Aktivität (das ungenutzte Schwimmbad oder die verlassene deutsche Fabrik). Der Hörer / Betrachter, in seiner individuellen und alleinigen Beziehung zum Werk, ist eingeladen sich zu konzentrieren, in sich zu gehen, seine eigenen Sinne zu schärfen, seine Empfänglichkeit zu steigern, um den künstlerischen Vorschlag ganz aufzunehmen, der, hier wie im Konzert, auf das Zuhören ausgerichtet ist. *Son ↔ Silence* entwirft einen Zustand der Symbiose, eine Art Übergang zwischen den mit den Tönen der Piezos vermischten, vertrauten Klängen der Bibliothek und dem Konzentrationszustand des Lesers, der durch die Herstellung von Geräuschen paradoxerweise begünstigt wird – was den Gedanken nahelegt, dass diese Töne Stille herbeiführen. Jedenfalls befördern sie die Konzentration des Lesers und erhalten diese aufrecht, indem sie ihn in einer Art von Rückprall auf seine eigene Arbeit zurückverweisen. Wie ausdrucksstarke musikalische Werke implizieren auch die Werke Robin Minards die Konzentration, beleben die geistige Aktivität und stimulieren die Vorstellungskraft des Hörers.

Wenn man sich auf den Klang beschränkt, spielen demnach drei Parameter eine Rolle und vereinigen sich, die von den Umgebungen selbst und ihrer Akustik stammenden Klänge, die vom Künstler mit Hilfe der Technologie herbeigeführten Klänge sowie die Stille / das Hören des Betrachters.

Durch das Prinzip der Diskretion findet Robin Minard zu seiner ihm eigenen Ausdrucksweise, Diskretion als Methode und als Ethik, Diskretion des Klangsignals (Flüstern der elektronischen Klänge), Diskretion in der geringen Größe des benutzten Materials und seiner Befestigung, die manchmal an gewisse in der Natur vorzufindende Tarnstrategien erinnert. Die Technologie wird überwiegend wegen ihrer Fähigkeit eingesetzt, das Diskrete, kaum Anwesende zu enthüllen, uns als Beteiligten das bewusst werden zu lassen, was uns sonst entgehen könnte.

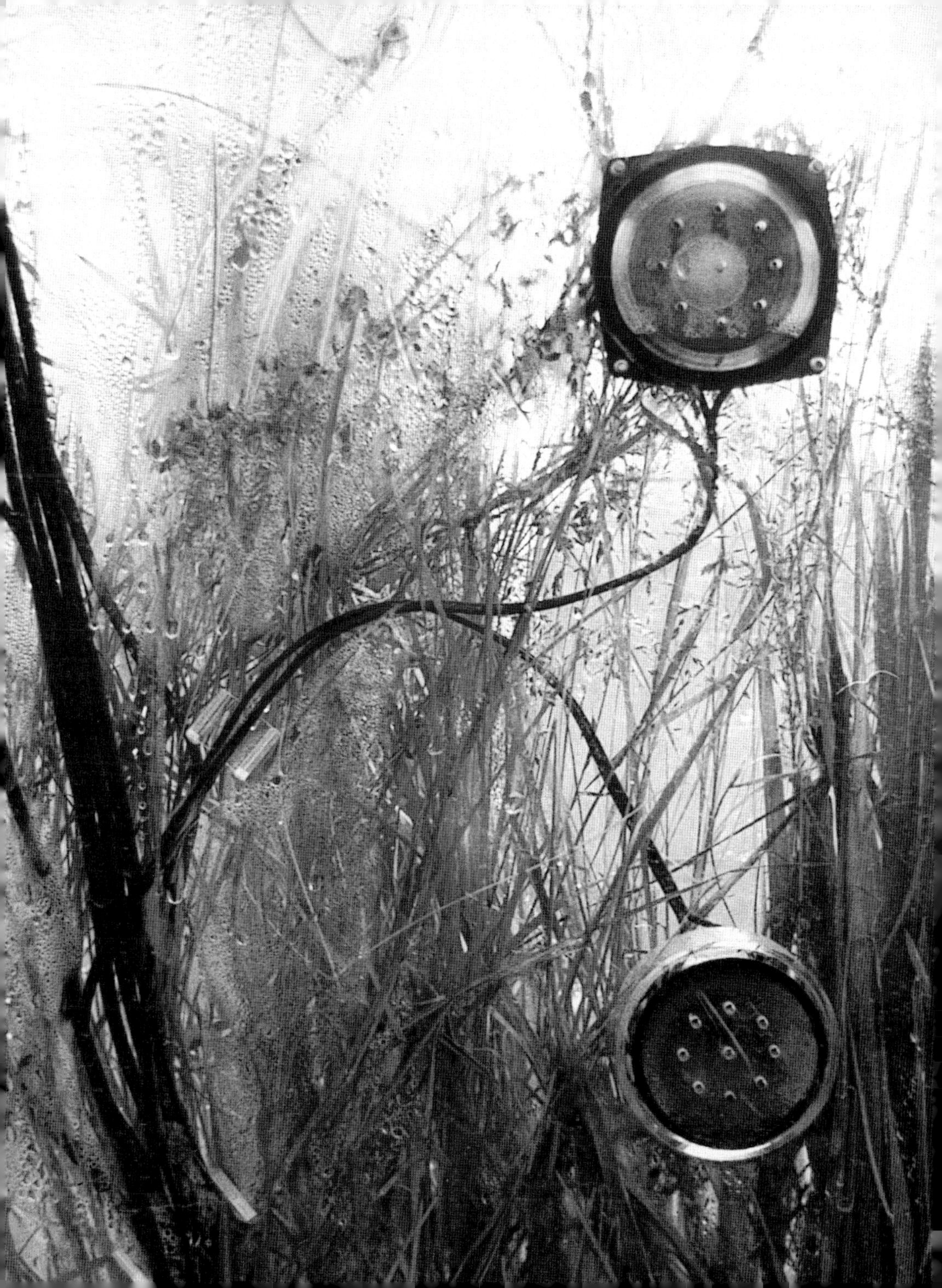

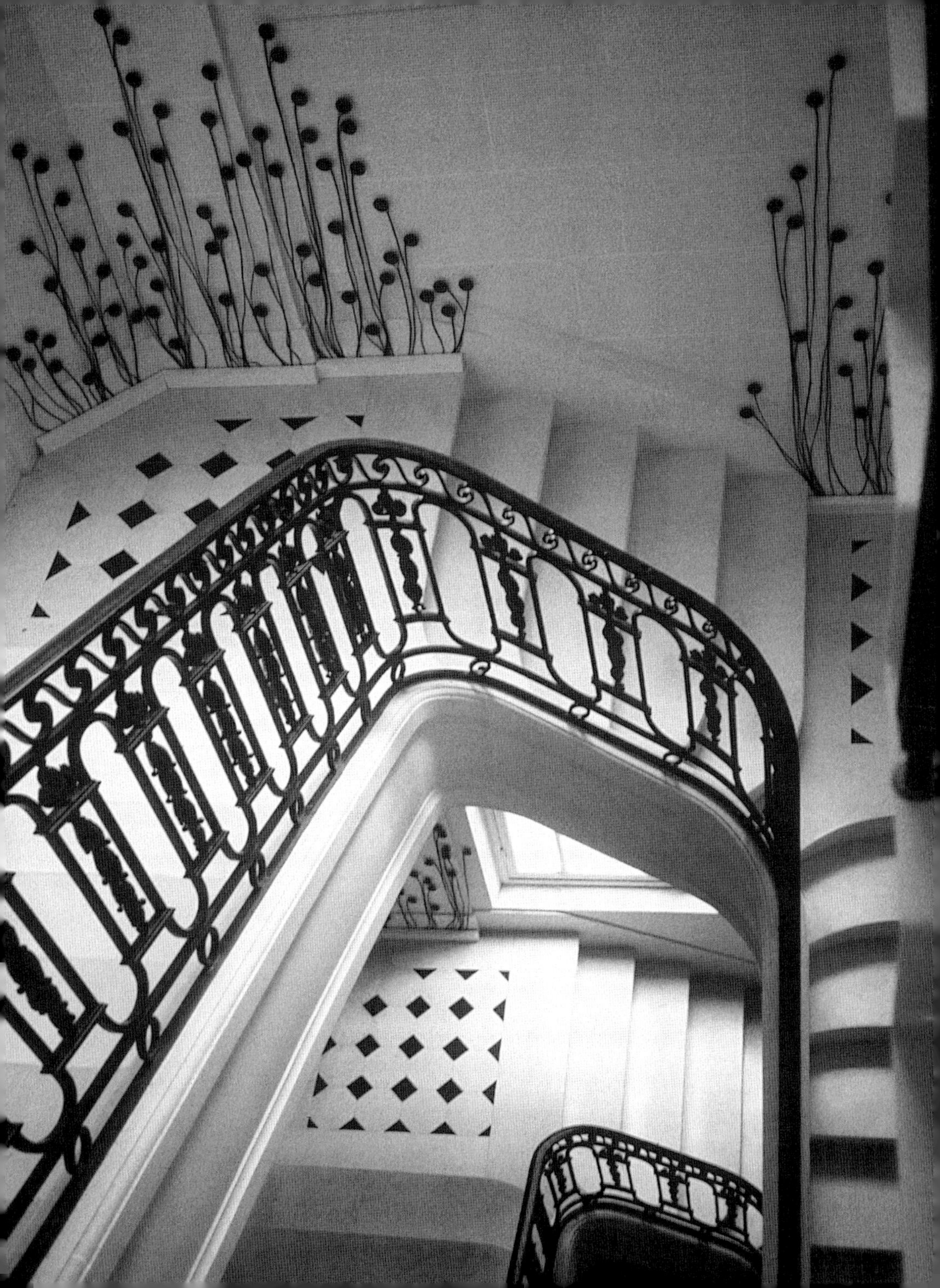

FOUR SPACES / FOUR INSTALLATIONS

Jean-Michel Lejeune

This book is a special space. Although its main purpose may be to document several specific works – in this sense it fulfils the function of a catalogue, without having all the characteristics of one, allowing the reader to recall or become aware of the works present this book is both in its objectives and in its realisation a truly authentic gesture by the artist Robin Minard. This book remains a book – it is not in itself a work of art – but it constitutes one of the aspects of this artist's work. It arises out of his working process.

Four recent installations are presented here: *Silence (Blue)*, shown on page 15 and the pages which follow, is composed of huge sheets of translucent velum placed in front of each window of the installation site. These surfaces hold countless numbers of small, elementary, very low powered loudspeakers called piezos. A blue adhesive film is fixed on each of the windows, filtering the natural light – which changes according to the weather conditions and the different times of day – and colouring the space.

The countless piezos, whose sounds and volumes are controlled by a computer programme, broadcast a variety of recorded natural and synthetic sounds over a four-channel system. The sounds are very quiet, recalling the whispering of the wind. The velum, a resonator and vibrating surface, produces a soft and variable sound. Contrasts and subtle effects of sliding layers of sound are created between the different surfaces. Moreover, approaching or distancing oneself from the electronic sound sources implies for the listener a varying perception of the timbre and the overall acoustic effect of the installation. *Silence (Blue)* has been presented in several sites, and so in different versions. Here, the work is installed in an old factory situated in (ex) East Germany.

Silent Music (page 21 and the pages which follow) is installed here outdoors in Tenerife within the immense private terrain »Mariposa«, a cultural complex realised over the past several years by Helga and Hans-Jürgen Müller. This is a place for meeting and reflection (hence perhaps the presence of a chess game). The space strongly associates the contexts of nature and contemporary art. The installation consists of three columns on which piezos and their associated cables are attached in a manner suggesting the movement of climbing plants and their search for sunlight. The artificial sounds, high and calm, blend with the natural sounds of the surroundings, discretely penetrating the environment, almost insidiously, like a living organism. The natural sounds of the location and the broadcast sounds merge. Here their distinctive qualities, their identities are put into play.

SoundBits 01 (page 25 and the pages which follow) is a sound installation realised in a now abandoned swimming pool which was built in Berlin at the beginning of the 20th century. A matrix of 576 loudspeakers, installed against the highest wall of the pool, proposes in this particularly reverberant acoustic context a truly graphic expression. Acting somewhat like the pixels of a computer image, sound movements and forms are projected on the loudspeaker matrix. To this effect the installation utilises a 1-bit synthesis which was specially developed for the project. The system allows the approaching listener / spectator to perceive more and more distinctly the sound figures being created on the surface of the installation: circles being traced, moving waves or clouds of sounds.

Son ↔ Silence (page 29 and the pages which follow). This installation is located in a local library in Lille. Hundreds of piezos are fixed between three sheets of translucent plexiglas, held by frames to create a separation between the borrowing area of the library and one of the reading zones and hence serving to organise the circulation of the public. This installation is comparable to *Silent Music*. The perceived sounds, very soft, also are whispers that marry themselves with the sound reality – interior and exterior – of this space, a space which is by vocation dedicated to silence.

Robin Minard's works, destined or not to remain permanently in place, are strongly inscribed into the spaces that receive them – as is always the case with this artist. It is the intensity of this factor of integration, truly intimate, which constitutes the essence of the work. On the one hand the location in its physical reality – natural or architectural, sonorous and acoustic – on the other hand the intervention of the artist – interventions realised with small loudspeakers, audio material, sound projectors and various materials such as plexiglas. These two distinct realities of the space and the artist not only unite but also mutually lend meaning one to the other.

For each new work, Robin Minard's working process begins with an attentive observation and listening to the installation space. This process deals at one and the same time with expertise and feeling. As a sound »entomologist« he is often interested in spaces that are inhabited by low-level sounds. Primary and essential, this inaugural activity of assimilation with the space fuses into and forms the artist's reflection, creating thereby out of space and context a true sensorial experience, knowledge in the philosophical sense of the term. Appropriating the space, discovering what vocabulary it contains beyond the first impressions and understanding how it functions. The intervention of the artist describes, reveals, colours and sublimates the space inventions – the factory, the park, the pool or the library, and their different sound and acoustic identities – in turn receive, reveal, express and sublimate the intervention of the artist. It is this alchemic relationship that constitutes at one and the same time the space and the expression of the work. It goes beyond a simple weaving together between these two protagonists – the artist and his realisation on the one hand, the physical space and its sound reality on the other hand. For Robin Minard it is not at all a question of installing a work in a particular space in the same manner as one would present works in an art gallery – a painting or a sculpture have in principle an autonomous and independent existence from the space in which they are shown. Rather it is a question of augmenting a space through a visual and sound contribution, of these two parameters forming the work together.

The subtleness and relevance of Robin Minard's installations are also based on the relation they establish, each in a different way, with silence, which is always present as a constituting material, as essential as is the whiteness of the paper in the art of water colour. Robin Minard speaks to us about silence. It is only necessary to return to the names he has given to his works. In each case they refer to a very particular silence: the calmness of the country, the desired silence of a library, the silence left behind by an abandoned activity (the abandoned pool or the German factory). The spectator / listener is placed in an individual and solitary relationship with the work, is invited to concentrate, to become silent, to sharpen his own senses, to intensify his openness for receiving to a maximum extent the artistic proposition, which he constitutes in his own hearing, just as in the concert. *Son ↔ Silence* proposes a situation of passage, a kind of buffer between the normal sounds of the library married with the sounds broadcast over the piezos, and the reader's state of concentration that, paradoxically, is favoured by the production of sound. It is to be believed that these sounds produce silence. In any case, they permit and maintain the reader's concentration by returning him within his own work in a sort of rebound. As is the case with all strong musical works, Robin Minard's works imply concentration, activate mental activity and stimulate the imagination of the listener.

Three parameters then – if we remain with sound – play a role and compliment each other: sounds which appear in the spaces themselves and in their acoustics, sounds imported through technological means by the artist and the silence / listening of the spectator.

It is in the mode of discretion – discretion as a method and as an ethic, the discretion of the sound signals (the whispering of the electronic sounds), discretion related to the small dimensions of the materials employed and to their method of attachment which is reminiscent of certain strategies of camouflage found in nature – that Robin Minard invents his own language. Here, technology is principally used for its ability to reveal the discrete, the barely present, to make us conscious and become a part of that which could otherwise escape us.

SILENCE (BLUE)

Galerie Voxxx, Chemnitz
2003

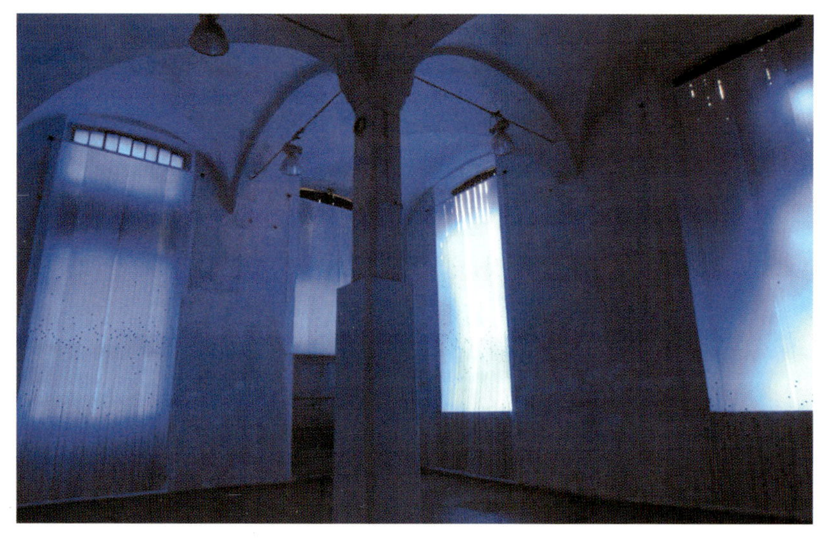

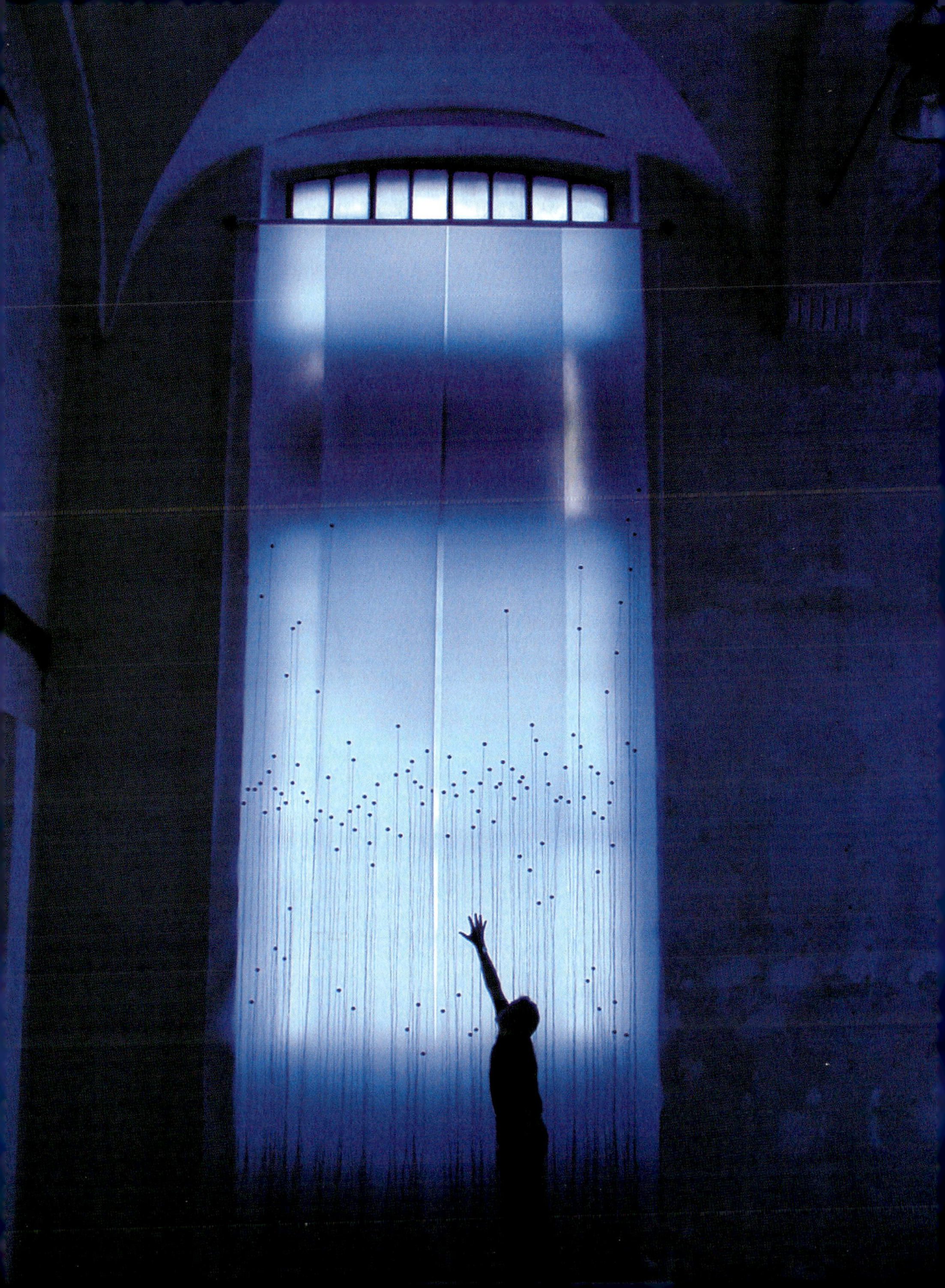

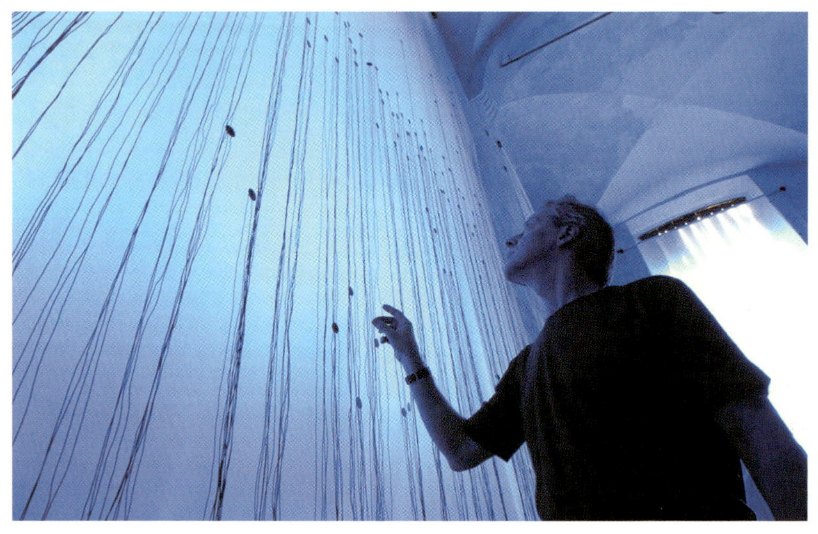

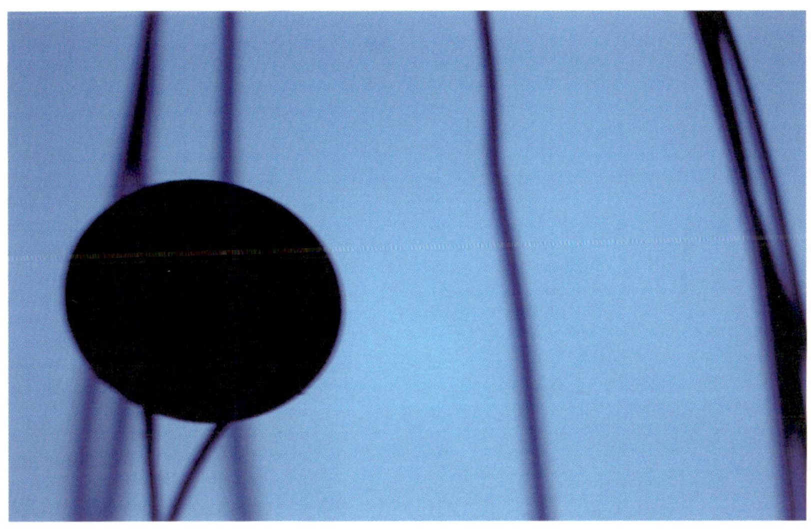

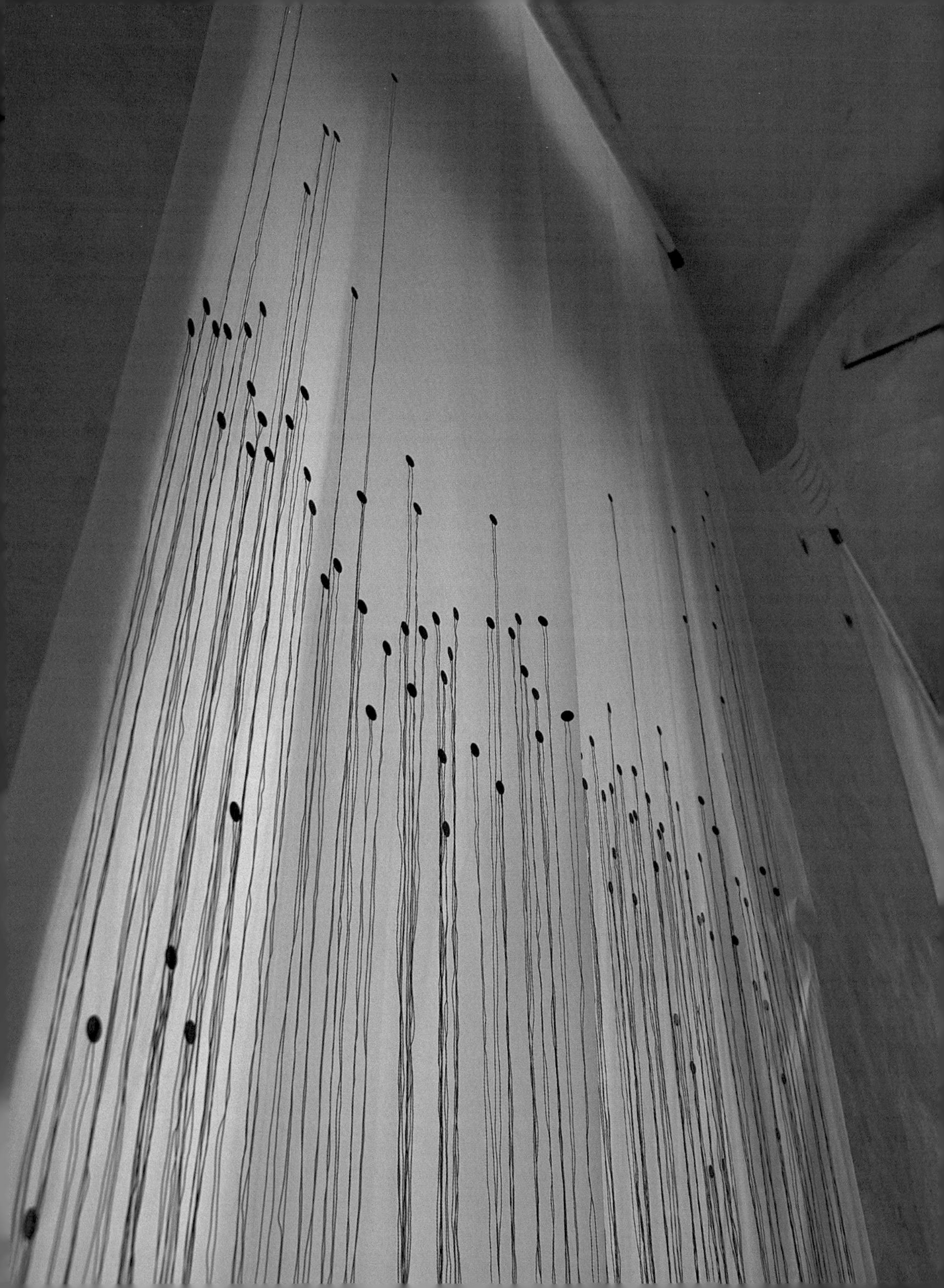

SILENT MUSIC

Mariposa, Tenerife
2002

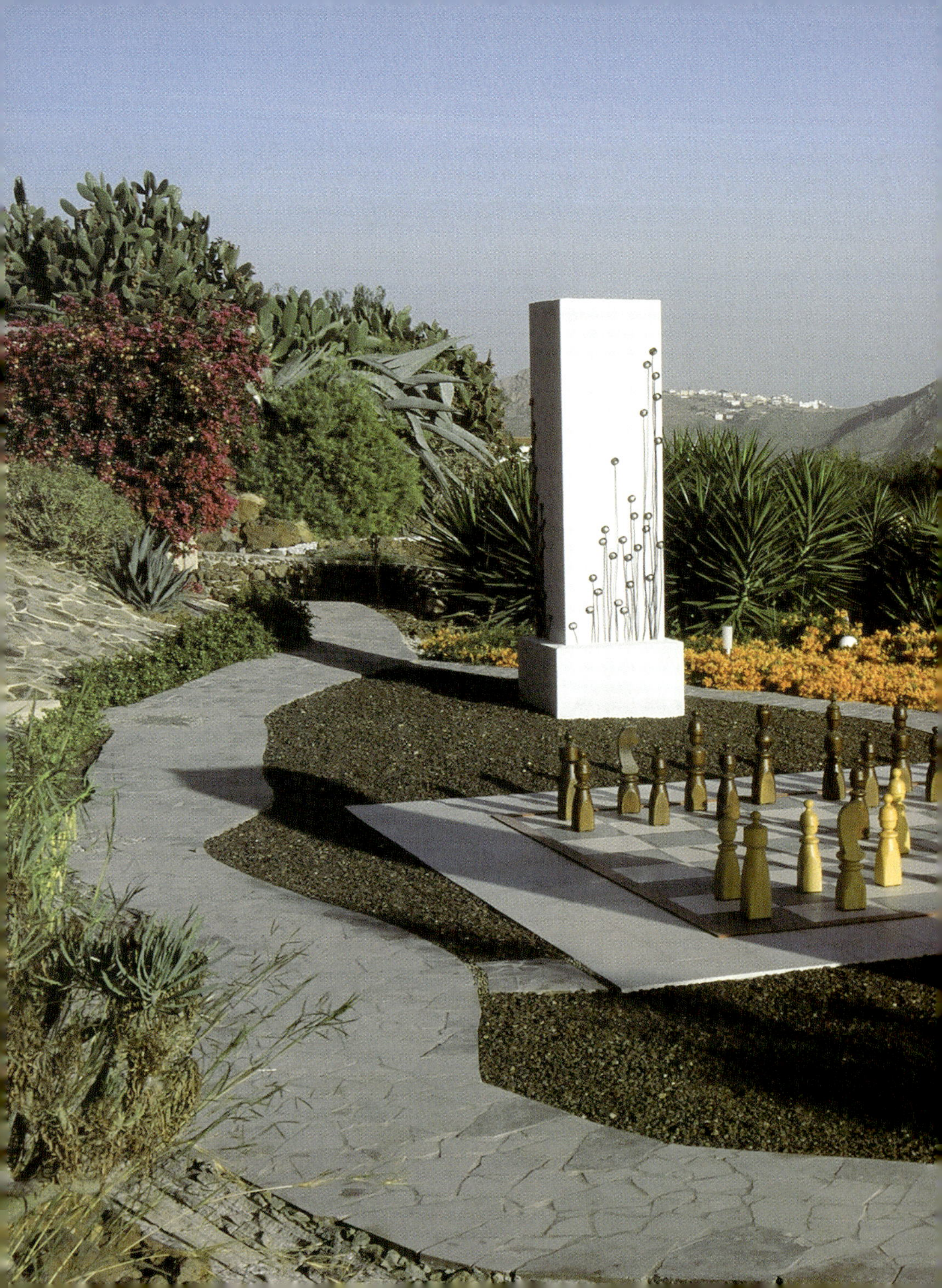

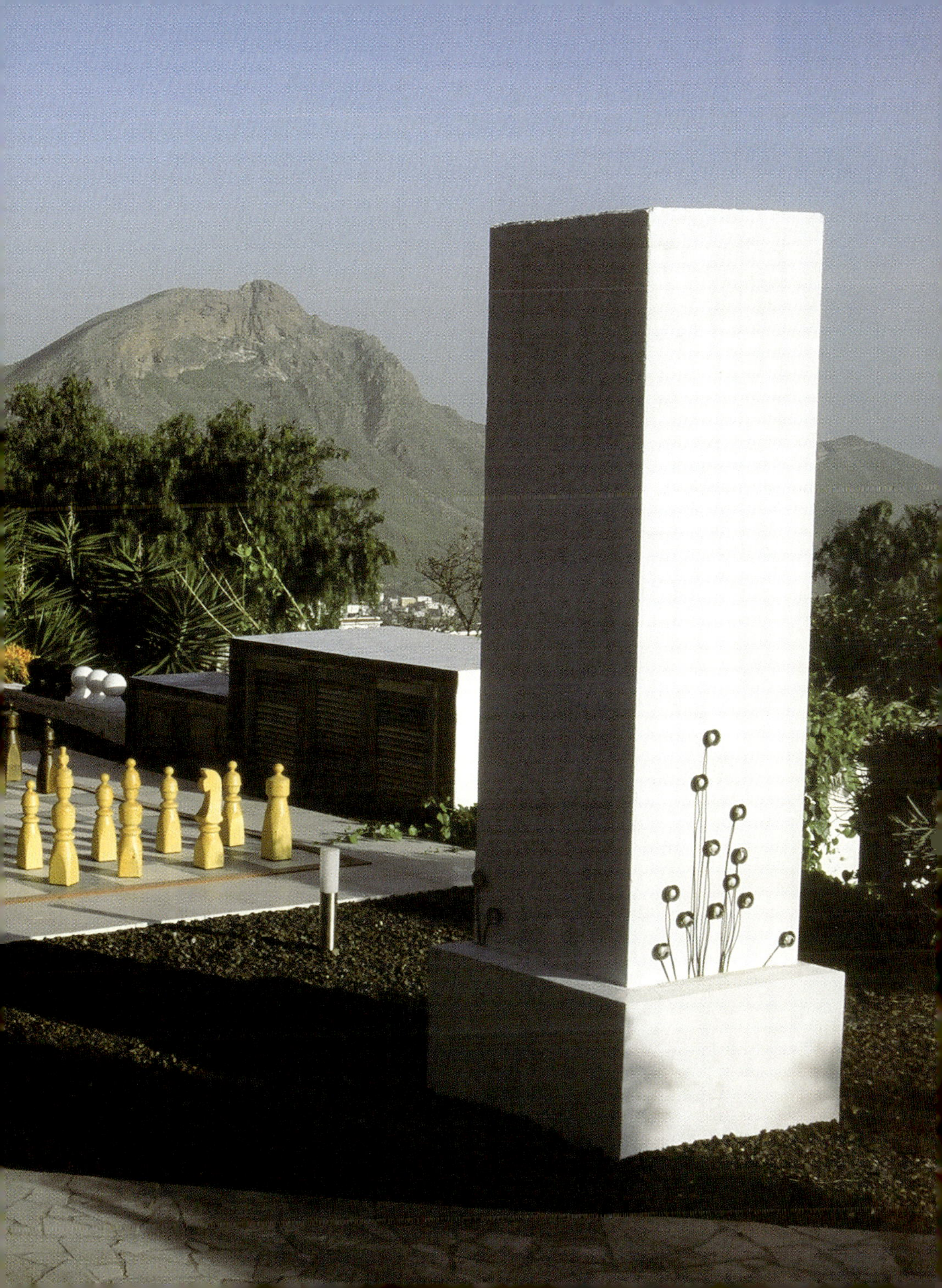

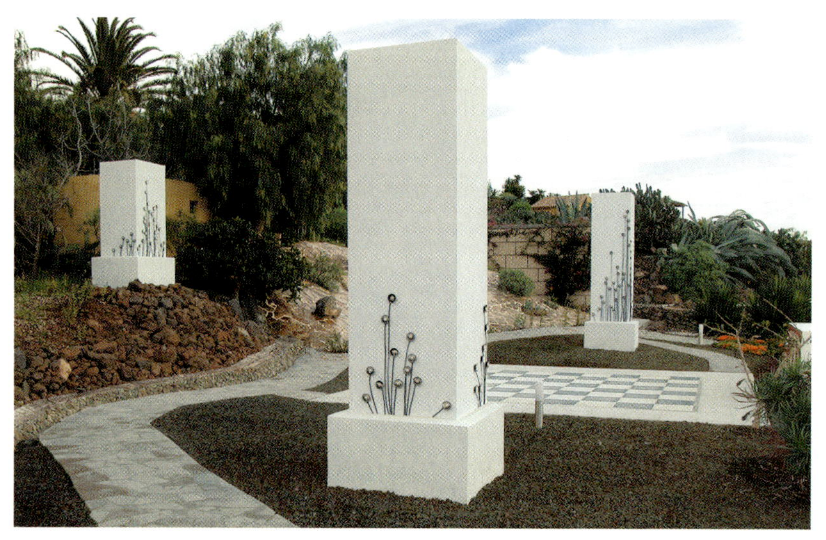

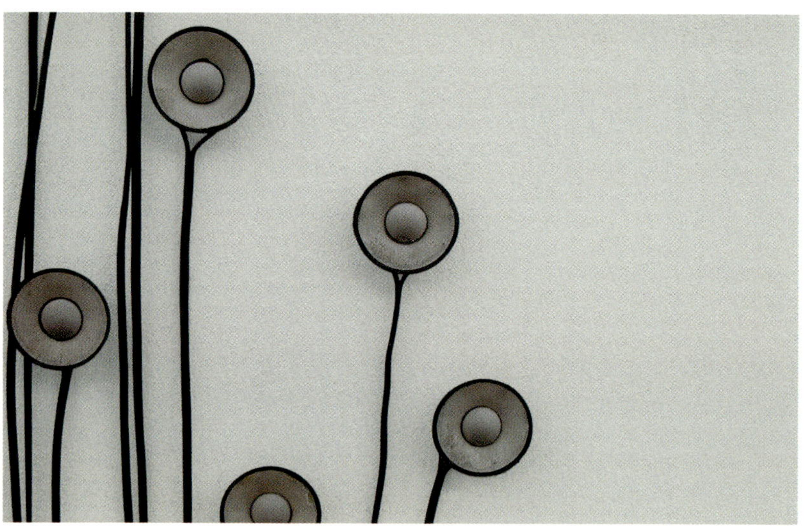

SOUNDBITS 01

Stadtbad Oderberger Straße, Berlin

2002

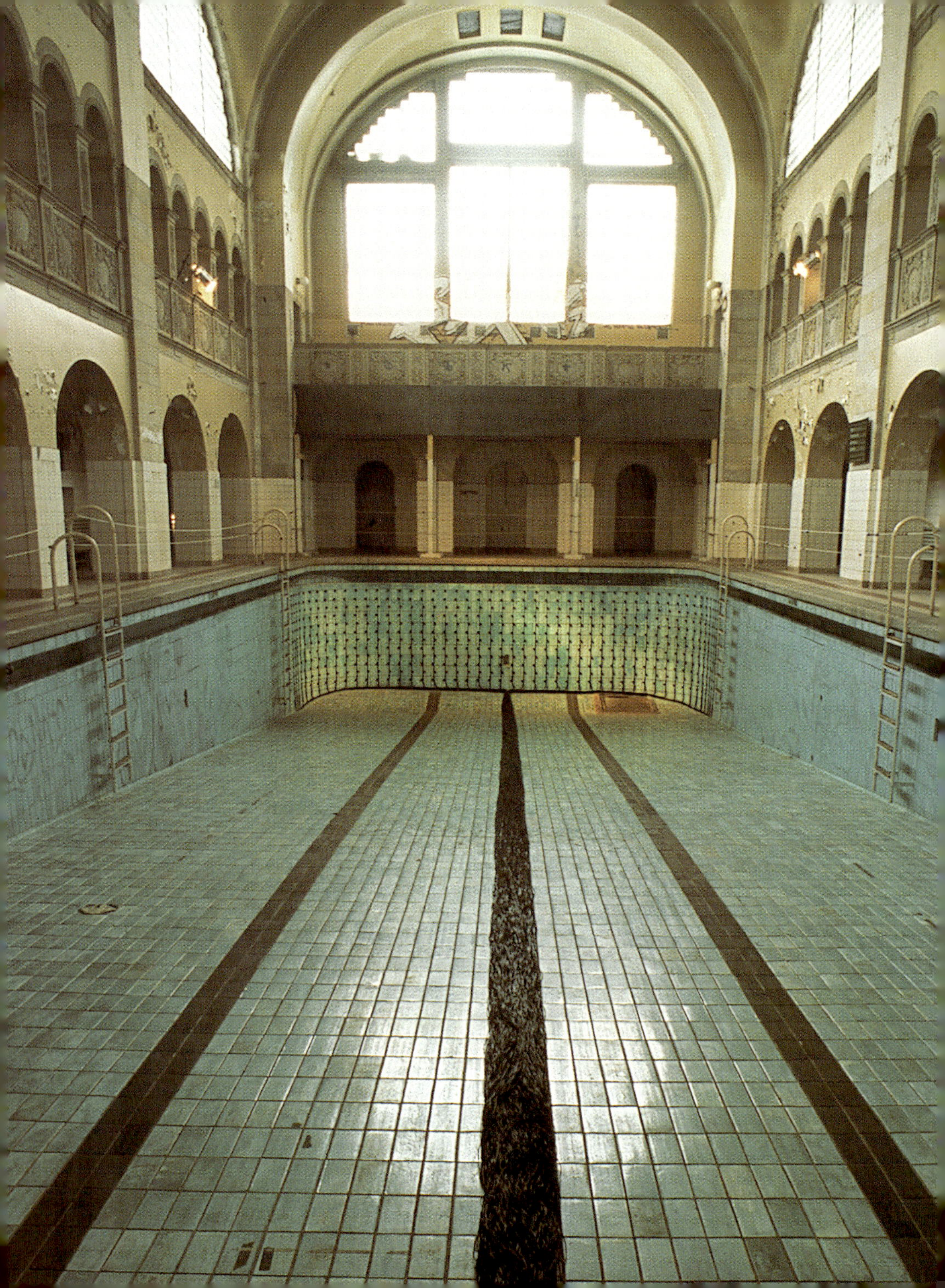

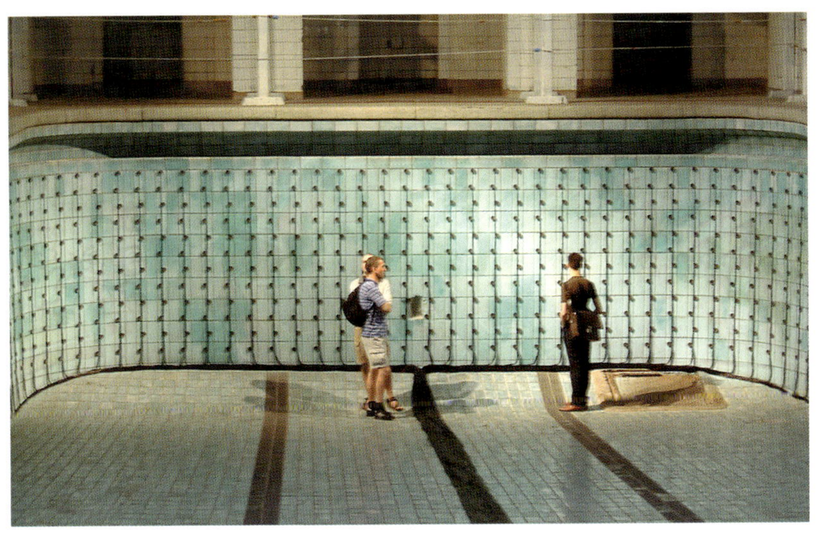

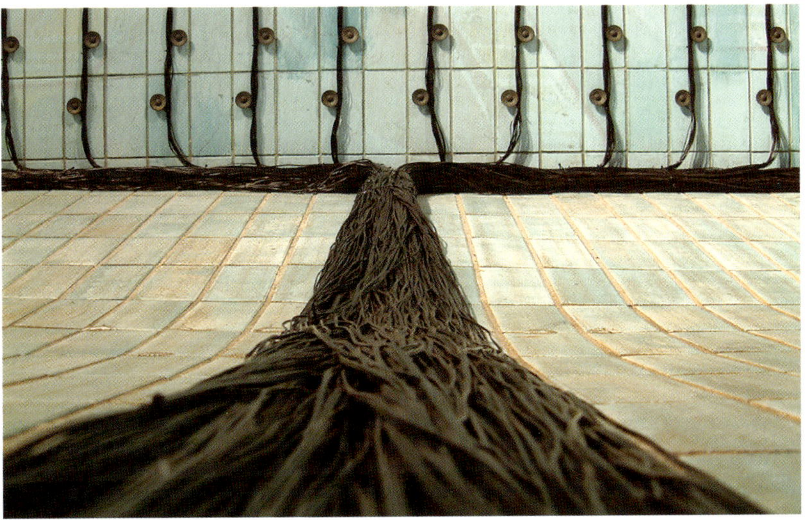

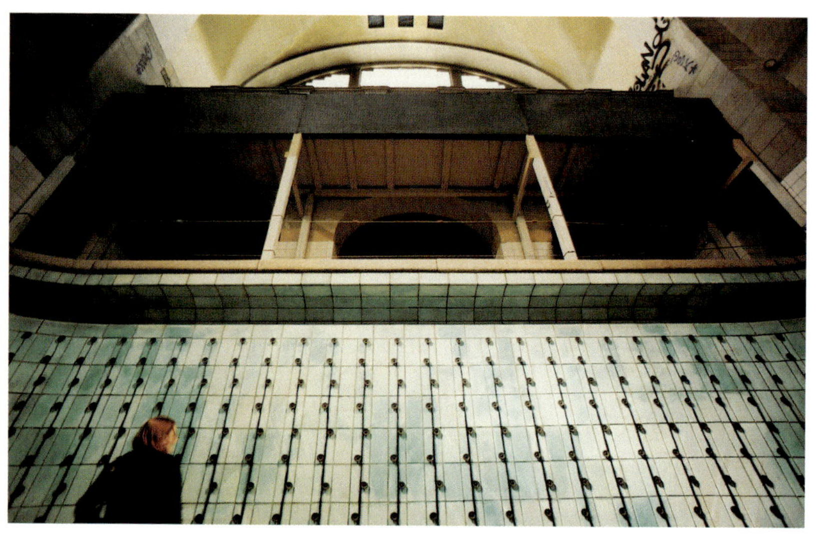

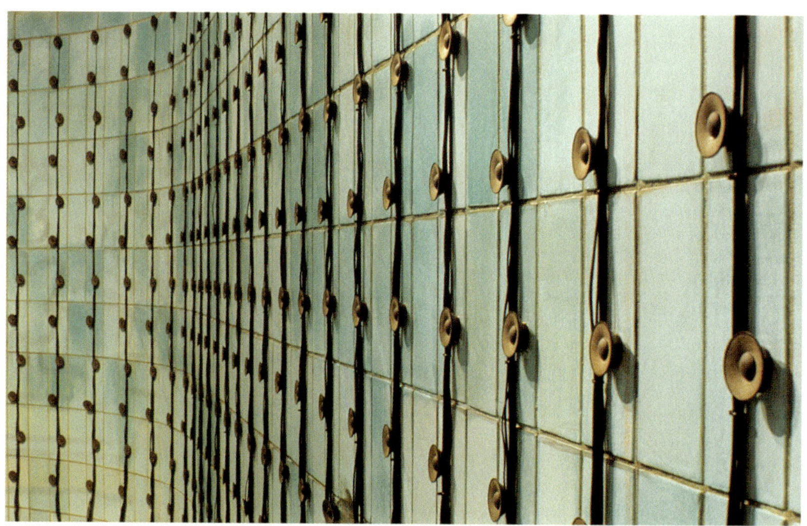

S o n ↔ S i l e n c e

Bibliothèque de Faubourg de Béthune, Lille
2003

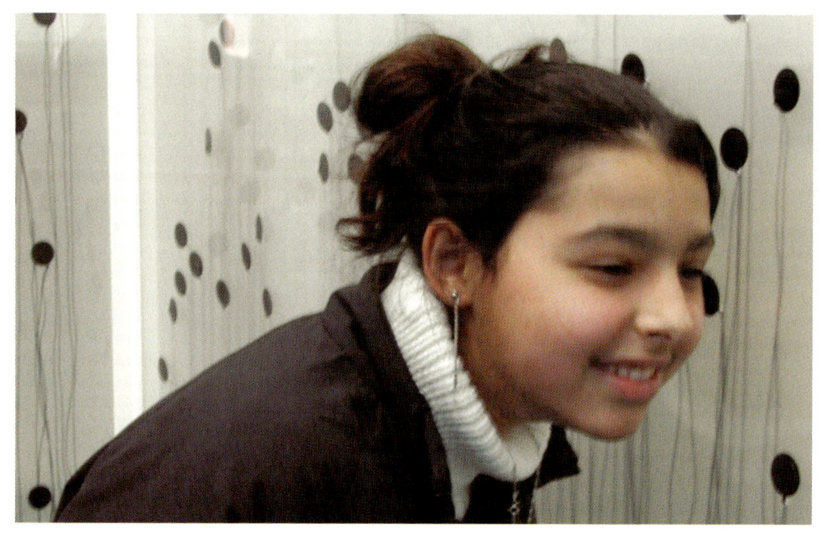

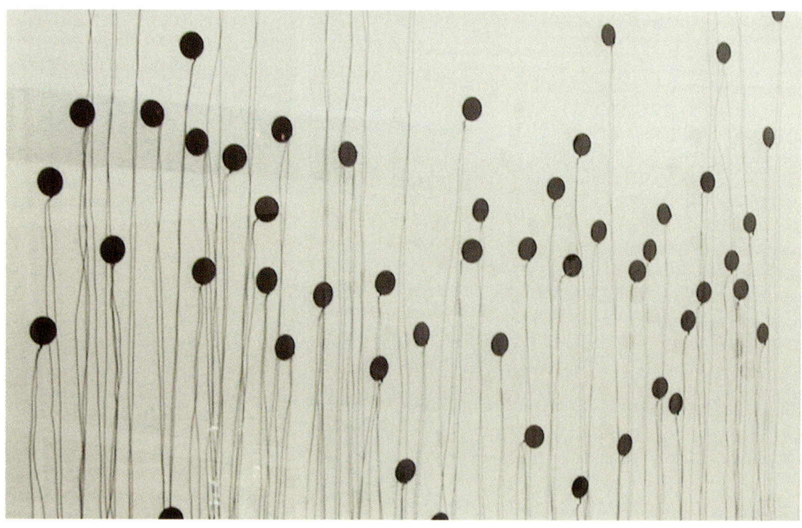

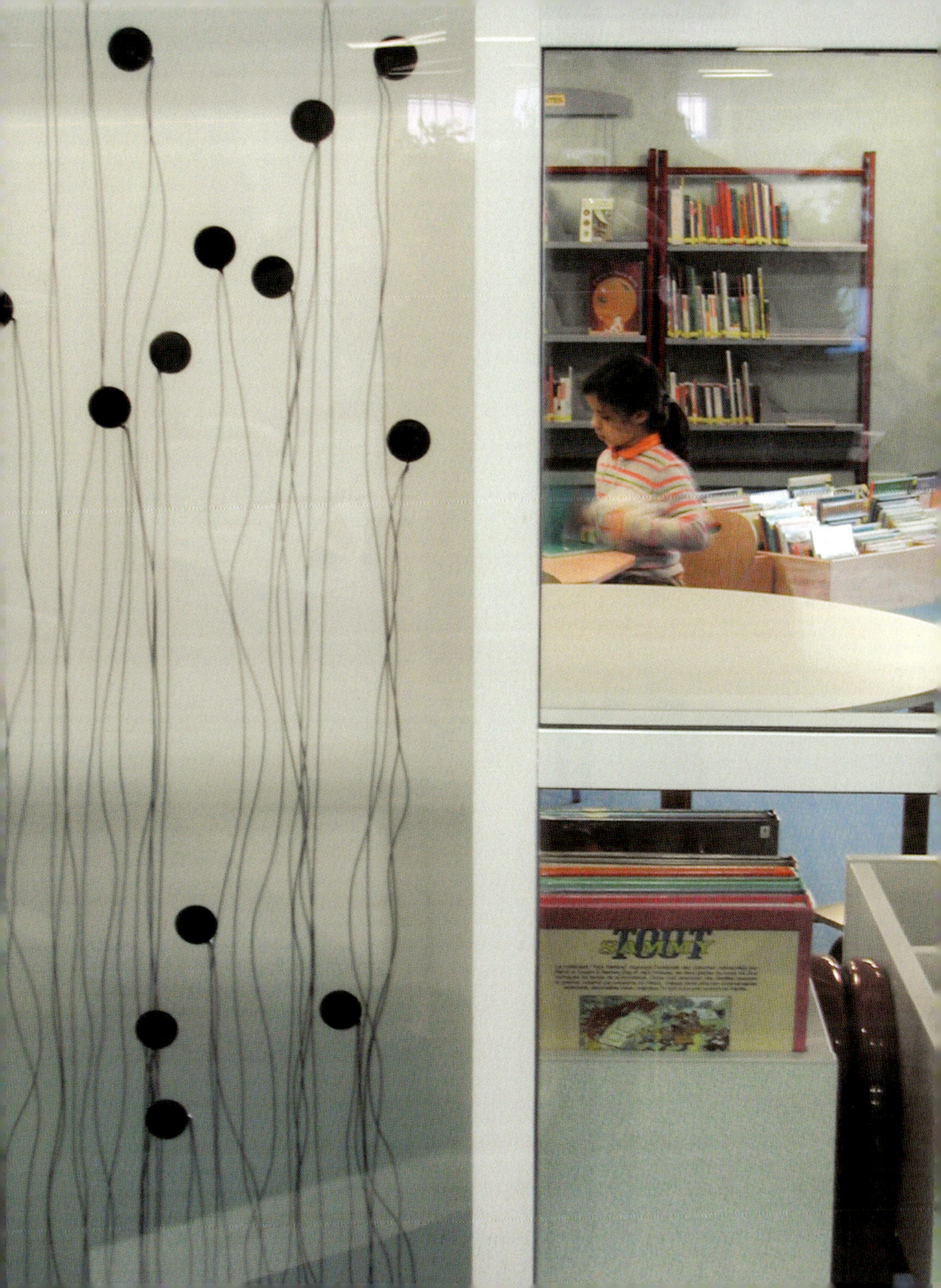
TOUT

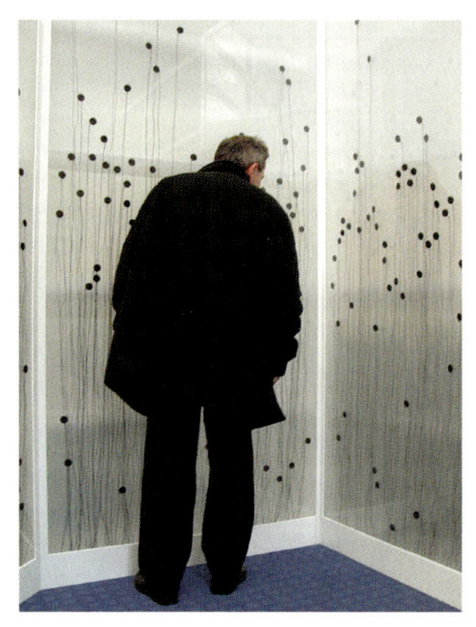

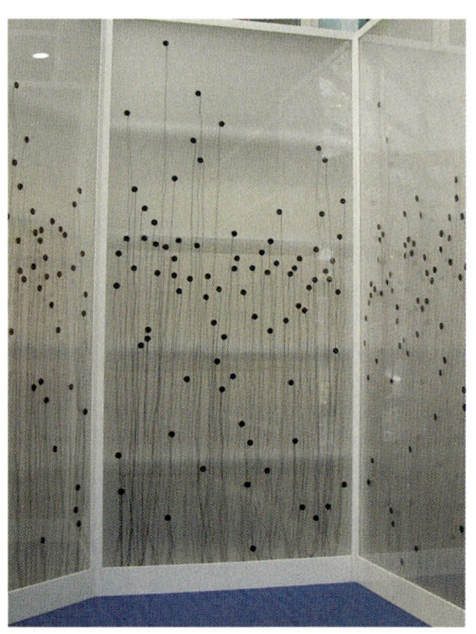

QUATRE ESPACES / QUATRE INSTALLATIONS

Jean-Michel Lejeune

Ce livre est un espace particulier. S'il souhaite avant tout proposer un témoignage documenté autour de quelques œuvres déterminées – remplissant ainsi, sans en avoir toutes les caractéristiques, une fonction de catalogue qui permettra au lecteur de retrouver ces œuvres, ou d'en prendre connaissance – ce livre n'en est pas moins, dans ses objectifs et sa réalisation, un authentique geste de l'artiste Robin Minard. Ce livre reste un livre – il n'est pas une œuvre d'art – mais il constitue l'une des facettes du travail de cet artiste. Il relève de sa démarche.

Quatre installations sonores, récentes, sont ici présentées: *Silence (Blue)*, présentée pages 15 et suivantes, est composé d'immenses écrans de papier translucides, placés devant chacune des fenêtres du lieu investi, qui supportent de très nombreux tout petits haut-parleurs, élémentaires, de très faible puissance, appelés piezos. Du papier adhésif bleu, fixé sur chacune des vitres, vient filtrer la lumière naturelle, changeante selon la météorologie et les différentes heures de la journée, et colorer l'espace.

Les très nombreux piezos, dont la mise en œuvre et le volume sonore sont gérés par un programme informatique, diffusent sur un système 4 pistes une variété de sons naturels enregistrés et synthétiques, très légers, qui rappellent le chuchotement du vent. Le papier des écrans, résonateur et mis en vibration, produit un son léger et variable. Des contrastes, de subtils effets de glissements de nappes sonores se produisent entre les différents écrans. Par ailleurs, se rapprocher, ou s'éloigner, des sources sonores électroniques impliquent chez l'auditeur une perception différente du timbre et de l'effet acoustique de cette installation sonore. *Silence (Blue)* a été présenté sur plusieurs sites, et donc dans différentes versions. Ici, il s'agit d'un atelier situé dans une ancienne manufacture, en (ex) Allemagne de l'Est.

Silent Music (pages 21 et suivantes) est installé ici en extérieur à Tenerive, sur l'immense domaine privé »Mariposa«, un complexe culturel réalisé depuis plusieurs années par Helga et Hans-Jürgen Müller. Il s'agit d'un lieu de rencontre et de réflexion (d'où peut-être la présence du jeu d'échec) qui propose un espace associant fortement le cadre naturel et l'art contemporain. Cette œuvre se présente sous la forme de quelques colonnes sur lesquelles sont fixés des piezos et leurs fils électriques de façon à suggérer le mouvement de plantes grimpantes et leur croissance vers la lumière. Les sons artificiels, aigus et calmes, se marient aux sons naturels du paysage qu'ils pénètrent très discrètement, presque insidieusement, comme un organisme vivant. Les sons naturels du lieu et les sons diffusés se confondent. Leur distinction, leurs identités sont ici remises en jeu.

SoundBits 01 (pages 25 et suivantes) est une installation sonore réalisée dans une piscine désaffectée de Berlin construite au début du vingtième siècle. Un mur de 576 haut-parleurs, contre la paroi la plus haute du bassin, propose dans un contexte acoustique particulièrement réverbérant une véritable écriture graphique. Agissant un peu comme les pixels d'une image, des mouvements et des formes sonores sont projetés sur l'ensemble des haut-parleurs. L'installation utilise à cet effet une synthèse à 1-bit qui a été spécialement développée pour ce projet. Ce système permet à l'auditeur / spectateur qui s'approche de ce dispositif de percevoir de plus en plus distinctement les figures sonores, des cercles qui se tracent, des vagues ou des nuages de sons qui se déplacent.

Son ↔ Silence (pages 29 et suivantes). Cette installation sonore prend place dans une bibliothèque de quartier à Lille. Des centaines de piezos sont fixés entres trois plaques de plexiglas translucides, maintenues par des cadres, qui créent une séparation entre l'espace du retrait des livres et l'une des zones de lecture, en concourrant à organiser la circulation du public. Cette installation est à rapprocher de *Silent Music*. Les sons entendus, très légers, sont également des chuchotements qui se conjuguent avec la réalité sonore – intérieure et extérieure – de ce lieu par vocation dédié au silence.

Les œuvres de Robin Minard, destinées ou non à rester définitivement en place, s'inscrivent très fortement, comme toujours chez cet artiste, dans le lieu qui les reçoit, et c'est l'intensité de cette inscription, véritable intimité, qui constitue l'enjeu même de l'œuvre. Le lieu, dans sa réalité physique, naturelle ou architecturale, sonore et acoustique, d'une part, et l'intervention de l'artiste d'autre part – réalisée à partir de petits haut-parleurs, de matériels audio, de projecteurs et de divers matériaux, le plexiglas par exemple – sont deux réalités distinctes, qui non seulement se conjuguent mais se signifient l'une l'autre.

Pour chaque nouvelle œuvre, la démarche de Robin Minard commence par une observation et une écoute attentives du lieu, qui tient à la fois de l'expertise et du ressentir. En »entomologiste« du son, il s'intéresse souvent aux lieux habités par des sons de faibles puissances. Primordiale, essentielle, cette activité inaugurale d'assimilation du lieu fonde et constitue la réflexion de l'artiste qui se fait ainsi du lieu et du contexte une véritable expérience sensorielle, une connaissance, au sens philosophique du terme. S'approprier le lieu, voir ce qu'il contient comme vocabulaire au-delà des premières impressions et comprendre comment il fonctionne. L'intervention de l'artiste décrit, révèle, colore et sublime le lieu dans lequel elle s'inscrit. Réciproquement, et non symétriquement d'ailleurs, le lieu de l'intervention – l'usine, le parc, la piscine ou la bibliothèque et leurs différentes identités sonores et acoustiques – reçoit, révèle, exprime et sublime l'intervention de l'artiste. C'est cette relation alchimique qui va au-delà d'un simple tissage entre ces deux protagonistes – l'artiste et sa réalisation d'une part, le lieu physique et sa réalité sonore d'autre part – qui constitue à la fois le lieu et l'enjeu de l'œuvre. Il n'est donc chez Robin Minard nullement question d'installer une œuvre dans un espace particulier, comme lorsqu'on présente une œuvre dans une galerie – un tableau, une sculpture ont par principe une existence autonome et indépendante du lieu dans lequel ils sont montrés – mais bien d'un lieu augmenté d'une contribution plastique et sonore, ces deux paramètres faisant œuvre à eux deux.

La subtilité et la pertinence des installations de Robin Minard tiennent également à la relation qu'elles établissent, chacune différemment, avec le silence, toujours présent comme matériau constitutif, aussi essentiel que ne l'est le blanc du papier dans l'art de l'aquarelle. Robin Minard nous parle du silence. Il n'est d'ailleurs que de revenir aux noms qu'il donne à ses œuvres. Il s'agit à chaque fois d'un silence bien particulier: le calme de la campagne, le silence souhaité de la bibliothèque, le silence laissé par le départ d'une activité abandonnée (la piscine ou la manufacture allemande désaffectées). Le spectateur / auditeur, dans un rapport individuel et solitaire à l'œuvre, est invité à se concentrer, à se faire silencieux, à affûter ses propres sens, à intensifier sa disponibilité pour recevoir maximalement la proposition artistique qui se constitue, ici comme au concert, de sa propre écoute. *Son ↔ Silence* propose une situation de passage, une sorte de sas entre les sons habituels de la bibliothèque conjugués aux sons diffusés par les piezos et l'état de concentration du lecteur qu'ils favorisent, paradoxalement, en produisant du sonore. À croire que ces sons produisent du silence. En tout cas, ils permettent et maintiennent la concentration du lecteur en le renvoyant à son propre travail, dans une sorte de rebond. Comme c'est le cas avec les œuvres musicales fortes, les œuvres de Robin Minard impliquent la concentration, dynamisent l'activité mentale et stimulent l'imagination de l'auditeur.

Trois paramètres, si l'on s'en tient au sonore, jouent donc leur rôle et se conjuguent, les sons qui appartiennent aux lieux mêmes et à leurs acoustiques, les sons importés par l'artiste avec des moyens technologiques et le silence / écoute du spectateur.

C'est sur le mode de la discrétion, la discrétion comme méthode et comme éthique, discrétion du signal sonore (chuchotement des sons électroniques), discrétion liée à la petite taille du matériel utilisé et à son accrochage qui rappelle parfois certaines stratégies de camouflage que l'on trouve dans la nature que Robin Minard invente son propre langage. La technologie est principalement utilisée pour sa capacité à révéler le discret, le tout juste présent, à nous rendre conscient, et acteur, de ce qui pourrait nous échapper.

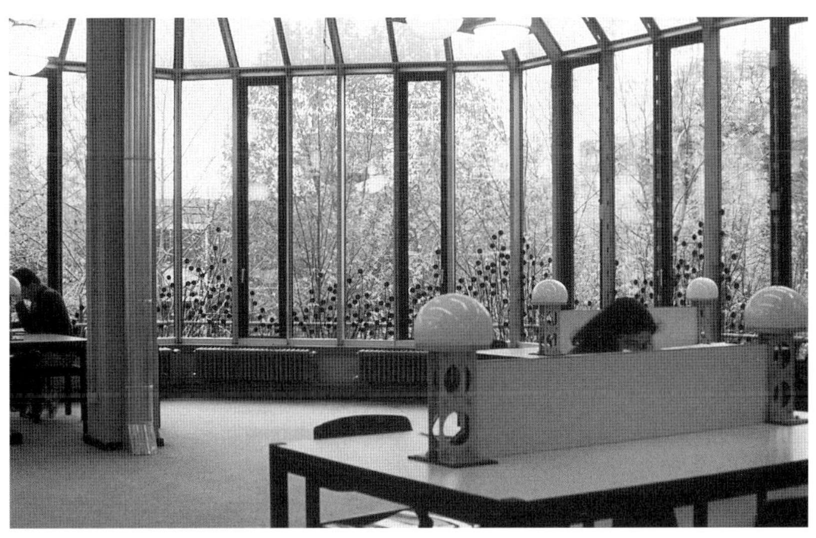

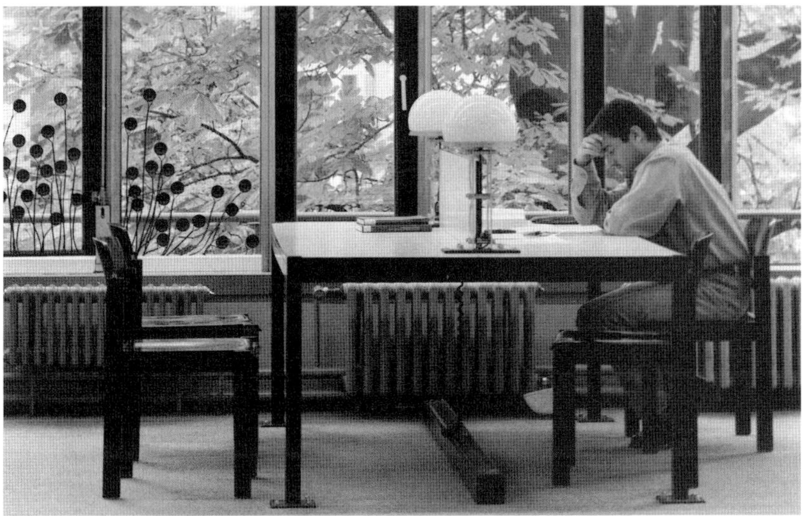

QUATRO ESPACIOS / QUATRO INSTALACIONES

Jean-Michel Lejeune

Este libro es un espacio particular. Aunque su objetivo sea ante todo ofrecer un testimonio documentado de determinadas obras – cumpliendo así una función de catálogo, aún sin poseer todas las características de éste, permitiendo al lector reencontrarse con estas obras o llegar a conocerlas – este libro es en realidad, en cuanto a sus propósitos y su realización, un auténtico gesto del artista Robin Minard. Es un libro – no una obra de arte – pero constituye una de las facetas del trabajo de este artista. Plasma su trayectoria.

Se presentan aquí cuatro instalaciones sonoras recientes: *Silence (Blue)*, expuesta en la pàgina 15 y siguientes, consta de inmensas pantallas de papel translúcido, colocadas delante de cada una de las ventanas del lugar utilizado, que sujetan un gran número de altavoces diminutos, elementales, muy poco potentes, llamados piezos. Un papel adhesivo azul, pegado en cada uno de los cristales, filtra la luz natural (cambia según las condiciones climáticas y las diferentes horas del día) y da color al espacio.

Los numerosos piezos, cuya marcha y volumen sonoro son controlados por un programa informático, difunden mediante un sistema de 4 pistas una variedad de sonidos naturales grabados y sintéticos, muy ligeros, que semejan el murmullo del viento. El papel de las pantallas, que vibra por ser resonador, produce un sonido ligero y variable. Se producen así, entre las diferentes pantallas, unos contrastes y efectos sutiles de deslizamientos de capas sonoras. También se obtiene una percepción diferente del timbre y del efecto acústico de esta instalación sonora al acercarse o alejarse de las fuentes sonoras electrónicas. *Silence (Blue)* se ha presentado en diversos lugares y, por lo tanto, en diferentes versiones. Aquí se trata de un taller situado en una antigua fábrica, en la (ex) Alemania Oriental.

Silent Music (expuesta en la página 21 y siguientes) se encuentra aquí instalada en un exterior en Tenerife, en la inmensa propiedad privada llamada »Mariposa«. Se trata de un complejo cultural realizado hace varios años por Helga y Hans-Jürgen Müller. Este complejo constituye un lugar de encuentro y de reflexión (de ahí quizá la presencia de un tablero de ajedrez), un espacio que asocia intensamente el escenario natural y el arte contemporáneo. Esta obra se presenta bajo la forma de tres columnas en las que se sujetan unos piezos con sus cables eléctricos, de manera que sugieran el movimiento de las plantas trepadoras y su crecimiento hacia la luz. Los sonidos artificiales, agudos y suaves, se mezclan con los sonidos naturales del paisaje, entre los que se introducen de forma muy sutil, casi insidiosa, como si fuera un organismo vivo. Los sonidos naturales del lugar se confunden con los sonidos difundidos. Se juega así con la distinción de unos y otros, asi que sus propias identidades.

SoundBits 01 (expuesta en la página 25 y siguientes) es una instalación sonora realizada en una antigua piscina de Berlín construída a comienzos del siglo XX. Un muro de 576 altavoces, contra la pared más alta de la piscina, propone una auténtica escritura gráfica en un contexto acústico particularmente reverberante. Actuando un poco como los píxeles de una imagen, se proyectan movimientos y formas sonoras sobre el conjunto de altavoces. La instalación utilisa a esos fines una síntesis a 1-bit especialmente desarrollada para estre projecto. Este sistema permite al oyente / espectador que se acerca al dispositivo de percibir cada vez con mayor claridad las figuras sonoras, unos círculos que se dibujan, las olas o las nubes de sonidos que se desplazan, cambian de forma y de tamaño.

Son ↔ Silence (expuesta en la página 29 y siguientes). Esta instalación sonora tiene lugar en una biblioteca de barrio en Lille. Cientos de piezos se hallan colocados entre unas placas de plexiglás translúcidas, sostenidas por marcos, que crean una separación entre el espacio de préstamo de libros y una de las zonas de lectura, contribuyendo así a organizar las idas y venidas del publico. Esta instalación debe ponerse en relación con *Silent Music*. Los sonidos percibidos, muy ligeros, son igualmente murmullos que se confunden con la realidad sonora – interior y exterior – de este lugar tradicionalmente consagrado al silencio.

Las obras de Robin Minard, destinadas o no a permanecer de modo definitivo, se insertan con mucha fuerza, como es habitual en este artista, en el lugar que las recibe, y la intensidad de esta inserción, verdadera intimidad, es lo que constituye el desafío mismo de la obra. El lugar, en su realidad física, natural o arquitectónica, sonora o acústica, por una parte, y la intervención del artista por la otra – realizada a partir de pequeños altavoces, de material de audio, de proyectores y de diversos materiales, como el plexiglás, por ejemplo – son dos realidades distintas, que no sólo se conjugan entre sí, sino que se confieren mutuamente significado.

Antes de efectuar una nueva obra, Robin Minard comienza siempre por observar y escuchar atentamente el lugar, procedimiento que aúna el conocimiento profesional con el sentimiento. Como »entomólogo« del sonido, él se interesa a menudo por los lugares habitados por sonidos de muy poca potencia. Primordial, esencial, esta actividad previa de asimilación del lugar funda y constituye la reflexión del artista, que obtiene así una auténtica experiencia sensorial, un conocimiento, en sentido filosófico del término, del lugar y del contexto. Apropiarse del lugar, ver lo que contiene como vocabulario más allá de las primeras impresiones y comprender cómo funciona. La intervención del artista describe, revela, ilumina y transforma el lugar en el que se inserta. Recíprocamente, pero no de manera simétrica, el lugar de la intervención – la fábrica, el parque, la piscina o la biblioteca y sus diferentes identidades sonoras y acústicas – recibe, revela, expresa y transforma la intervención del artista. Esta relación alquímica, que va más allá de una simple colaboración entre estos protagonistas – el artista y su realización, por un lado, y el lugar físico y su realidad sonora por el otro –, es lo que constituye a la vez el lugar y el desafío de la obra. Para Robin Minard no se trata en absoluto de instalar una obra en un espacio particular, como cuando se expone una obra en una galería – un cuadro, una escultura poseen en principio una existencia autónoma e independiente del lugar en el que son expuestos – sino que se trata de un lugar enriquecido por una contribución plástica y sonora, siendo estas manifestaciones las que crean la obra.

La sutileza y la adaptación de las instalaciones de Robin Minard respecto del medio ambiente establecen, cada una a su manera, una relación con el silencio, siempre presente como material constitutivo, tan esencial como el blanco del papel en el arte de la acuarela. Robin Minard nos habla del silencio; no hay más que ver los nombres que da a sus obras. Se trata en cada caso de un silencio muy particular: la tranquilidad del campo, el silencio requerido por la lectura en la biblioteca, el silencio que resulta del abandono de una actividad (la piscina o la fábrica alemana cerradas). El espectador / oyente, en una relacion individual y solitaria con la obra, es invitado a concentrarse, a permanecer en silencio, a aguzar sus propios sentidos, a intensificar su disponibilidad para recibir al máximo la propuesta artística que depende, como en un concierto, de su propia capacidad de escucha. *Son ↔ Silence* propone una situación de pasaje, como una especie de filtro entre los sonidos habituales de la biblioteca y los sonidos difundidos por los piezos, conjugados con el estado de concentración del lector que, paradójicamente, favorece la producción de la materia sonora. Se diría que esos sonidos producen silencio. En cualquier caso, permiten y mantienen la concentración del lector al impulsarlo hacia su propio trabajo, como en una especie de rebote. Como sucede con las obras musicales impactantes, las obras de Robin Minard requieren concentración, dinamizan la actividad mental y estimulan la imaginación del oyente.

Son tres los parámetros que intervienen y que se unen en el plano sonoro: los sonidos propios de los lugares mismos y sus acústicas, los sonidos importados por el artista con medios tecnólogicos y el silencio / escucha del espectador.

Robin Minard inventa su propio lenguaje utilizando la discreción como método y como ética, discreción del signo sonoro (murmullo de los sonidos electrónicos), discreción ligada al tamaño diminuto del material utilizado y a su suspensión, que recuerda a veces ciertas estrategias de camuflaje halladas en la naturaleza. La tecnología es utilizada principalmente por su capacidad para revelar lo discreto, el instante preciso, para que seamos conscientes, y actores, de todo un universo sensorial que podría escapar a nuestros sentidos.

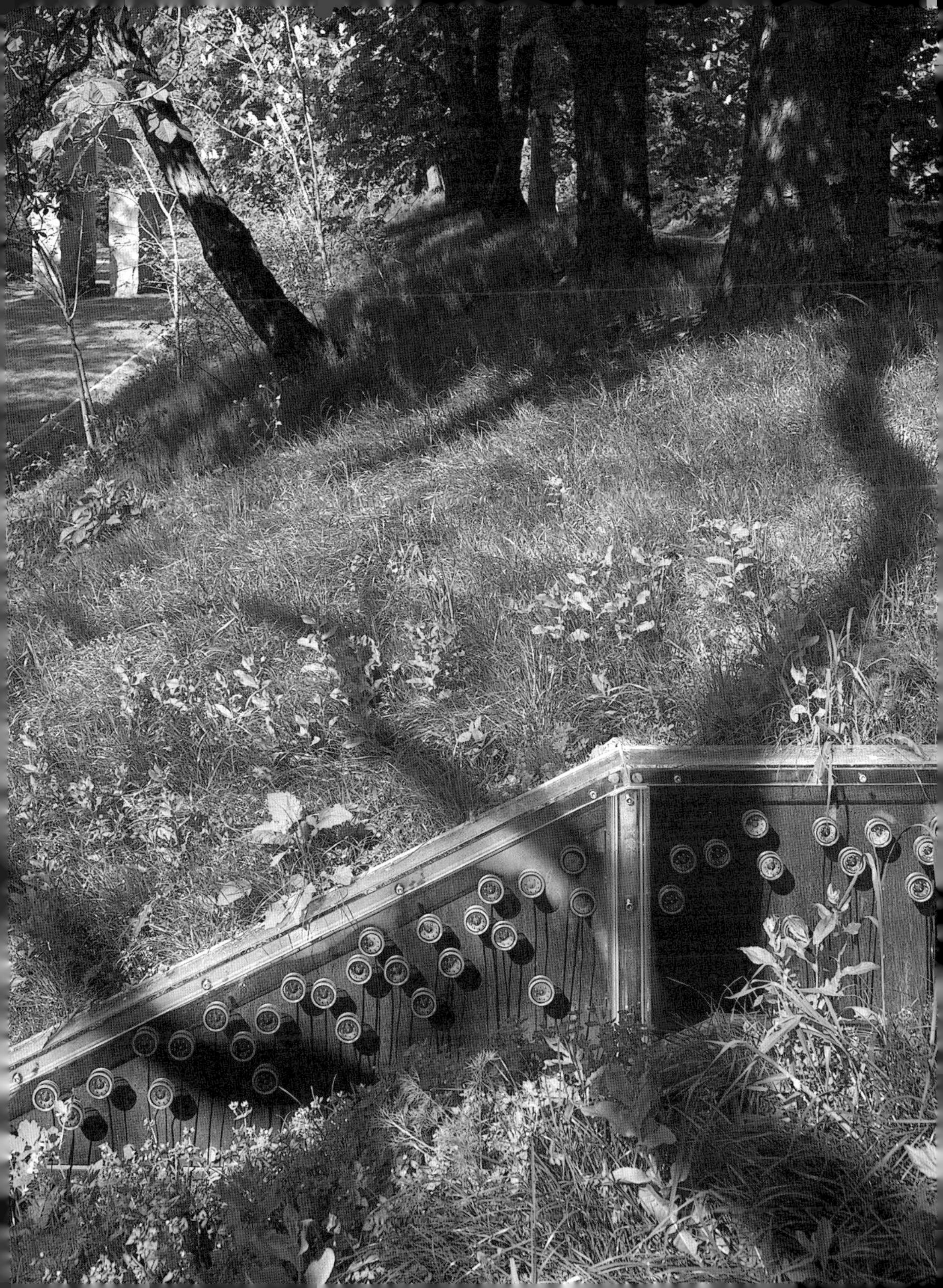

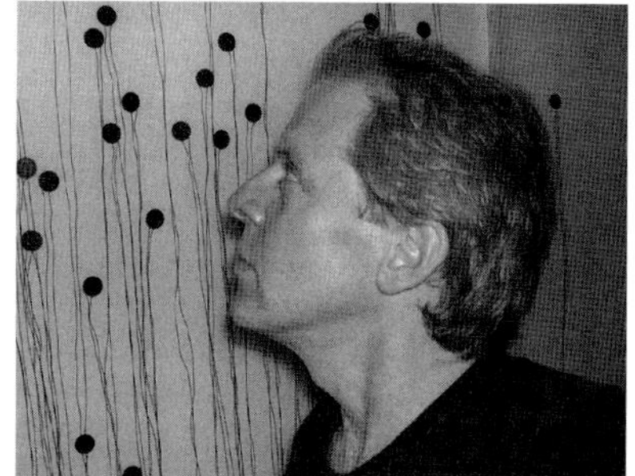

Robin Minard wurde 1953 in Montréal geboren. Er studierte Komposition und elektroakustische Musik in Kanada und Paris. Seit den frühen 1980er-Jahren bilden Klanginstallationen im öffentlichen Raum den Schwerpunkt seiner Arbeit. Seine Werke wurden weltweit in Festivals, Museen und öffentlichen Räumen präsentiert. Von 1992–1996 war er Lehrbeauftragter für den Bereich Klanginstallation am Elektronischen Studio der TU Berlin. Seit 1997 ist er Professor für elektroakustische Komposition und Klanggestaltung an der Bauhaus-Universität und der Hochschule für Musik Franz Liszt in Weimar, wo er auch das Studio für elektroakustische Musik »SeaM« leitet. Er war »artist-in-residence« des Berliner Künstlerprogramms des DAAD, des Canada Council Studio (Paris), am Banff Centre for the Arts (Canada), des Künstlerhof Schreyahn und Schloss Wiepersdorf (Deutschland), am Institut für Elektronische Musik, Graz (Österreich), von Het Apollohuis, Eindhoven (Holland), der Villa Serpentara, Olevano Romano (Italien), im Mattress Factory Museum of Contemporary Art, Pittsburgh (USA) und am IRCAM / Centre Pompidou (Paris).

Robin Minard was born in Montreal in 1953. He studied composition and electroacoustic music in Canada and Paris. Since the early 1980's a major part of his work has focused in the area of sound installation art. His works have been presented in festivals, museums and public spaces worldwide. From 1992–1996 he was lecturer on the subject of sound installation at the electroacoustic studio of the Berlin Technical University. Since 1997 he has been professor for electroacoustic composition and sound design at the Franz Liszt Academy and the Bauhaus University in Weimar, where he is also director of the Studio for electroacoustic Music (SeaM). He has been artist-in-residence of the DAAD Berlin Artists Programme, the Canada Council Studio (Paris), the Banff Centre for the Arts (Canada), the Künstlerhof Schreyahn and Schloss Wiepersdorf (Germany), the Institut für Elektronische Musik, Graz (Austria), Het Apollohuis, Eindhoven (Holland), the Villa Serpentara, Olevano Romano (Italy), the Mattress Factory Museum of Contemporary Art, Pittsburgh (USA) and IRCAM / Centre Pompidou (Paris).

Robin Minard est né à Montréal en 1953. Il étudie la composition musicale et l'électroacoustique au Canada et à Paris. Au cours des 20 dernières années, une partie importante de son travail a été consacrée à la création d'installations sonores dans les lieux publics. Ses œuvres ont été présentées dans de nombreux festivals internationaux, musées et espaces publics. De 1992 à 1996, il a enseigné au sein du studio électroacoustique à l'Université Technique de Berlin. Depuis 1997, il est professeur de composition électroacoustique et de design sonore à la Hochschule für Musik Franz Liszt et au Bauhaus-Universität de Weimar où il est aussi directeur du studio électroacoustique (SeaM). En tant qu'artiste il a été en résidence pour le DAAD Künstlerprogramm (Berlin), le Studio du Conseil des Arts du Canada (Paris), le Banff Centre for the Arts (Canada), le Künstlerhof Schreyahn und Schloss Wiepersdorf (Allemagne), l'Institut für Elektronische Musik, Graz (Autriche), Het Apollohuis, Eindhoven (Hollande), la Villa Serpentara, Olevano Romano (Italie), le Mattress Factory Museum of Contemporary Art à Pittsburgh (USA) et l'IRCAM / Centre Pompidou (Paris).

Robin Minard nació en Montreal en 1953. Estudió composición musical y electroacústica en Canadá y París. Durante los últimos veinte años ha consagrado una parte importante de su trabajo a la creación de instalaciones sonoras en lugares públicos. Sus obras han sido presentadas en numerosos festivales internacionales, museos y espacios públicos. De 1992 a 1996 enseñó en el estudio electroacústico de la Universidad Técnica de Berlín. Desde 1977 es profesor de composición electroacústica y de diseño sonoro en la Hochschule für Musik Franz Liszt y en la Bauhaus-Universität de Weimar, en donde es también director del estudio electroacústico (SeaM). Ha sido residente, en calidad de artista, del DAAD Künstlerprogramm (Berlín), el Studio du Conseil des Arts du Canada (París), el Banff Centre for the Arts (Canadá), el Künstlerhof Schreyahn und Schloss Wiepersdorf (Alemania), el Institut für Electronische Musik, Graz (Austria), Het Apollohuis, Eindhoven (Holanda), la Villa Serpentara, Olevano Romano (Italia), el Mattress Factory Museum of Contemporary Art, en Pittsburgh (USA) y en el IRCAM-Centre Pompidou (París).

Installationen / Installations / Instalaciones

2004 Centre Pompidou, Paris; Wittener Tage für neue Kammermusik, Witten. **2003** Festival Archipel, Genf; Voxxx Galerie, Chemnitz; Musiques Inventives, Annecy; Bibliothèque de Faubourg du Béthune, Lille. **2002** Mariposa, Tenerife; Stadtbad Oderberger Straße, Inventionen, Berlin; Résonances, IRCAM, Paris; Friedenskirche, Jena. **2001** Bellevue Saal, Wiesbaden. **2000** Galerie BF-15, Lyon; Kloster Börstel, Land Osnabrück; The Mattress Factory, Pittsburgh; Bunkier Sztuki, Krakow. **1999** Bundesgartenschau, Magdeburg; Zagreb Museum of Contemporary Art; Kulturstadt Europas, Weimar; Kloster Unser Lieben Frauen, Magdeburg; Stadtgalerie Saarbrücken. **1998** Musée d'Art Contemporain de Lyon; Canadian Cultural Centre, Paris; Parochialkirche, Inventionen, Berlin; Hörgalerie, Sender Freies Berlin. **1997** KlangArt, Bocksturm, Osnabrück; In Medias Res, Dolmabahçe Cultural Centre, Istanbul; World Music Days, Total Museum of Contemporary Art, Seoul; Donaueschinger Musiktage, Donaueschingen. **1996** Het Apollohuis, Eindhoven; Kloster Unser Lieben Frauen, Magdeburg; Steiermärkisches Landesmuseum Joanneum, Graz; daadgalerie, Berlin; Gallery MUU, Helsinki; Galerie Rähnitzgasse, Dresden; Villa de Pisa, Olevano Romano. **1995** Kruischerencomplex, Maastricht; Warsaw Autumn Festival, Warsaw Centre of Contemporary Art; Magiorama, Groningen; Mathematische Fachbibliothek, TU Berlin; USE_MEdien, Bahnhof Westend, Berlin. **1994** Landesgartenschau Paderborn; Aspekte Salzburg, Mozarteum, Salzburg; Alte Schmiede, Wien; Mutiple Sounds II, Helpoort, Maastricht. **1992** Parochialkirche, Berlin. **1991** Wissenschaftszentrum Berlin; Banff Centre for the Arts, Canada. **1990** New Music America, Montreal Subway System. **1989** Centre André-Malraux, Bordeaux. **1988** McGill University, Montreal; Berlin Kulturstadt Europas, Berlin Kongresshalle. **1987** Gesellschaft für Aktuelle Kunst, Weserburg, Bremen; TU Berlin. **1986** Time Based Arts, Amsterdam; Musée d'Art Contemporain de Montréal. **1985** Galerie Tangente, Montréal. **1984** Galerie Tangente, Montréal; Hotel Meridien, Montréal.

Fotos / Photos

S. / p. 2: Silence (Blue), Mattress Factory, Pittsburgh, 2000. 300 Piezo-Elemente, Plexiglas, 6-Kanal Audio / 300 piezo elements, plexiglas, 6-channel audio / 300 éléments piezo, plexiglas, audio 6 pistes / 300 elementos piezo, plexiglás, audio de 6 pistas. Foto / Photo: Mattress Factory.

S. / p. 9: Klangweg, Landesgartenschau, Paderborn, 1994. 5 Treibhaus-Lautsprecherboxen / 5 greenhouse-loudspeaker boxes / 5 boîtes d'hautparleur-serre / 5 cajas de altavoces-invernadero. Foto / Photo: R. Minard.

S. / p. 10: Silent Music, Centre Culturel Canadien, Paris, 1997. 150 Piezo-Lautsprecher, 4-Kanal Audio / 150 piezo loudspeakers, 4-channel audio / 150 hautparleurs piezo, audio 4 pistes / 150 altavoces piezo, audio de 4 pistas. Foto / Photo: L. Karbowska.

S. / p. 16–20: Silence (Blue), Galerie Voxxx, Chemnitz, 2003. 500 Piezo-Elemente, Pergamentpapier, blaue Folie, 4-Kanal-Audio / 500 piezo elements, vellum, blue film, 4-channel audio / 500 éléments piezo, papier calc, film bleu, audio 4 pistes / 500 elementos piezo, papel cebolla, celofán azul, audio de 4 pistas. Fotos / Photos: S. / p. 16, 18: A. Seidl, S. / p. 17: D. Teige, S. / p. 19: F. Maibier, S. / p. 20: L. Tóth.

S. / p. 22–24: Silent Music, Mariposa, Tenerife, 2002. Fotos / Photos: S. / p. 22–23: H. Müller, S. / p. 24: F. Schubert.

S. / p. 26–28: SoundBits 01, Stadtbad Oderberger Straße, Berlin, 2002. 576 Kanäle von 1-Bit Audio, 576 Piezo-Lautsprecher, computergesteuerte Verräumlichung / 576 channels of 1-bit audio, 576 piezo loudspeakers, computer-controlled sound distribution / 576 canaux à 1-bit, 576 haut-parleurs piezo, distribution spatiale contrôlée par ordinateur / 576 canales de 1 bit, 576 altavoces piezo, distribución espacial controlada por ordenador. Fotos / Photos: S. / p. 26, 28 b: R. März, S. / p. 27: T. Seelig, S. / p. 28 a: M. Neumann.

S. / p. 30–32: Son ↔ Silence, Bibliothèque du Faubourg de Béthune, Lille, 2003. 300 Piezo-Elemente, Plexiglas, 6-Kanal Audio / 300 piezo elements, plexiglas, 6-channel audio / 300 éléments piezo, plexiglas, audio 6 pistes / 300 elementos piezo, plexiglás, audio de 6 pistas. Fotos / Photos: R. Minard.

S. / p. 37: Klangstille, Technische Universität Berlin, 1995. 300 Piezo-Lautsprecher, 8-Kanal Audio / 300 piezo loudspeakers, 8-channel audio / 300 haut-parleurs piezo, audio 8 pistes / 300 altavoces piezo, audio de 8 pistas. Fotos / Photos: N. Catania.

S. / p. 43: Intermezzo, Bundesgartenschau, Magdeburg, 1999. Treibhaus-Lautsprecherboxen / greenhouse-loudspeaker boxes / boîtes d'hautparleur-serre / cajas de altavoces-invernadero. Foto / Photo: H.-W. Kunze.

S. / p. 44: Robin Minard, 2003. Foto / Photo: R. Minard.

Umschlag / cover / couverture / portada: Silent Music, Tenerife, 2002. Foto / Photo: F. Schubert.

SoundBits wurde realisiert am IRCAM mit Unterstützung des Canada Council for the Arts und in Zusammenarbeit mit / was realised at IRCAM with the aid of the Canada Council for the Arts and with the collaboration of / a été réalisé à IRCAM avec le soutien du Conseil des Arts du Canada et la collaboration de / se ha realizado en el IRCAM con el apoyo del Conseil des Arts du Canada y la colaboración de: Norbert Schnell (technisches Konzept und Programmierung / technical conception and programming / concept technique et programmation / concepto técnico y programación), Emmanuel Flety (elektronische Entwicklung / electronic development / dévélopement electronique / desarrollo electrónico), Rémy Müller & Frédéric Voisin (technische Assistenz / technical assistant / assistant technique / ayudante técnico).

Son ↔ Silence ist eine permanente Installation im Auftrag der Stadt Lille / is a permanent installation commissioned by the City of Lille / est une œuvre permanente commandée par la Ville de Lille / es una obra permanente encargada por la Ciudad de Lille.

Son ↔ Silence & Silence (Blue), Assistenz / Assistant / Ayudante: Daniel Teige.

Dieses Buch erscheint in der Reihe *edition galerie* des Kehrer Verlags Heidelberg / This book is published in the series *edition galerie* of the Kehrer Verlag Heidelberg / Ce livre apparaît dans la serie *edition galerie* du Kehrer Verlag Heidelberg / Este libro se publica en la serie *edition galerie* de Kehrer Verlag Heidelberg.

Übersetzungen / Translations / Traductions / Traducciones: Muriel Gaillard, Robin Minard, Rocio Prados

Verlagslektorat / Proofreading / Lectorat / Corrección de pruebas: Katrin Zuschlag, Katrin Henkel

Gedruckt auf / Printed on / Imprimé sur / Impreso en: PheoniXmotion Xantur 150g/m², Scheufelen

Gestaltung und Herstellung / Design and production / Design et production / Diseño y producción: Kehrer Design Heidelberg

ISBN 3-936 636-21-4
Kehrer Verlag Heidelberg

Bibliografische Information
Die Deutsche Bibliothek verzeichnet diese Publikation in der Deutschen Nationalbibliografie; detaillierte bibliografische Daten sind im Internet über http://dnb.de abrufbar

Bibliographic Information published by Die Deutsche Bibliothek
Die Deutsche Bibliothek lists this publication in the Deutsche Nationalbibliographie; detailed bibliographic data is available in the Internet at http://dnb.de

www.robinminard.de

www.kehrerverlag.com

Mit freundlicher Unterstützung von / With the kind support of / Avec le soutien de / Con la colaboración de:
Die Botschaft von Kanada in Berlin;
Le Centre Culturel Canadien à Paris;
la Embajada de Canadá en España;
La Ville de Lille;
Kling Klang, Lille;
Galerie Voxxx, Chemnitz;
Berliner Künstlerprogramm des DAAD.

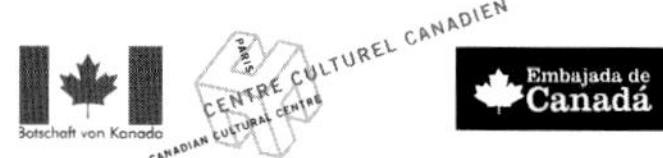

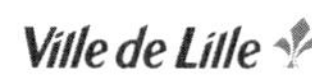

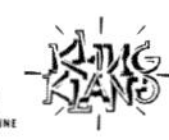
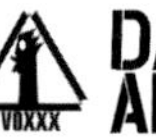

DA
AD